Obsequiado a:

Por:

Fecha:

Con motivo de:

Cómo profundizar tu relación con Dios
Joyce Meyer

Publicado por *Editorial Peniel*
Boedo 25
1206 Buenos Aires - Argentina
Tel/Fax: (54-11) 4981-6178 / 6034
e-mail: info@peniel.com.ar

Web site: www.editorialpeniel.com

Originally published in english under the title:
The Joy of Believing Prayer
by Harrison House, Inc.
Tulsa, Oklahoma 74153 - USA
P.O. Box 35035
Copyright © 2001 by Joyce Meyer

Traducción al español por: Doris Cabrera de Mora
Copyright © 2003 *Editorial Peniel*

Diseño de cubierta e interior: arte@peniel.com.ar

ISBN 987-9038-94-0
Producto Nº: 316115

Lo que figura entre paréntesis es traducción original del libro en inglés.
Las citas bíblicas pertenecen a la *Nueva Versión Internacional* (NVI) por la
Sociedad Bíblica Internacional, excepto las indicadas como: *Reina Valera
versión 1960* (RVR), *Dios habla hoy* (Dhh) o *Biblia de las Américas* (BA).

Edición Nº 1 Año 2003

Impreso en Colombia
Printed in Colombia

Cómo profundizar
tu relación con Dios

El gozo de la oración confiada

Joyce Meyer

www.editorialpeniel.com

Índice

La oración confiada y simple

*Si no oramos, lo mejor
que puede suceder es nada,
las cosas permanecerán tal como
están, lo que es aterrador.
Todos necesitamos cambiar y el
camino para lograrlo es la oración.*

Palabra de Dios para ti:

Y si oran, no hablen sólo por hablar como hacen los gentiles, porque ellos se imaginan que serán escuchados por sus muchas palabras. [Vea también 1 Reyes 18:25-29]

(MATEO 6:7)

Parte Uno

La oración confiada y simple

*P*or muchos años me sentí insatisfecha con mi vida de oración. Tenía el compromiso de orar cada mañana, pero siempre sentía que algo faltaba. Finalmente le pregunté a Dios qué estaba mal y Él respondió a mi corazón; me dijo: "Joyce, no sientes que tus oraciones sean suficientemente buenas". Yo no disfrutaba la oración porque no tenía verdadera confianza que mis plegarias fueran aceptadas.

Con frecuencia nos estructuramos en lo que a la oración se refiere. A veces tratamos de orar largas oraciones, quizás con mucha fuerza, y divagamos al perder de vista el hecho de que la oración es una simple conversación con Dios. No es la clave lo larga que sea, el volumen de la voz o la elocuencia. Lo importante es la seguridad que hay en el corazón y la confianza de saber que Dios escucha y responderá.

Debemos desarrollar la confianza, en que aunque simplemente digamos: "Dios, ayúdame", Él escucha y responde. Podemos confiar en que Dios es fiel para hacer lo que le hemos pedido, siempre que nuestra petición esté de acuerdo a su voluntad. Debemos saber que Él siempre quiere ayudarnos, porque la Palabra dice que Él es nuestro ayudador (Hebreos 13:6).

---

*La oración confiada y simple brota
del corazón y va directo al corazón de Dios.*

Palabra de Dios para ti:

Dos hombres subieron al templo a orar, uno era fariseo, y el otro, recaudador de impuestos.

El fariseo se puso a orar consigo mismo: "Oh Dios, te doy gracias porque no soy como otros hombres –ladrones, malhechores, adúlteros– ni mucho menos como ese recaudador de impuestos.

Ayuno dos veces a la semana y doy la décima parte de lo que recibo".

En cambio, el recaudador de impuestos, que se había quedado a cierta distancia, ni siquiera se atrevía a alzar la vista al cielo, sino que se golpeaba el pecho y decía: "Oh Dios, ten compasión de mí, que soy pecador".

Les digo que éste, y no aquél, volvió a su casa justificado ante Dios. Pues todo el que a sí mismo se enaltece será humillado. Y el que se humilla será enaltecido.

(Lucas 18:10-14)

La oración humilde

Para que la oración sea sincera, debe brotar de un corazón humilde. En esta lección enseñada por Jesús acerca de la oración, vemos que el fariseo oraba de una manera ostentosa, pretenciosa y extravagante. No había nada secreto ni sincero en su oración. Incluso dice que se puso a orar "consigo mismo". En otras palabras, sus oraciones no se apartaban de él. ¡Estaba atrapado en lo que *él* hacía y decía!

El segundo hombre de esta historia, un despreciado recaudador de impuestos, un miserable pecador para la mayoría de la gente, sin levantar la vista, inclinaba su cabeza con humildad y pedía ayuda a Dios. En respuesta a su humilde y sincera oración, toda una vida de pecado fue borrada en un instante. Este es el poder de la oración simple y confiada.

Edifica tu fe sobre la verdad de que la oración confiada y sincera es poderosa. Cree que puedes orar en cualquier lugar, en cualquier momento, acerca de cualquier cosa. Cree que tus oraciones no tienen que ser perfectas, ni elocuentes ni largas. Sino simples y llenas de fe.

*Recibimos la gracia de Dios al humillarnos
ante Él; cuando dejamos todo peso
a sus pies y confiamos que Él se ocupará,
tal como promete en su Palabra.*

Palabra de Dios para ti:

Yo te digo que tú eres Pedro (en griego Petros, una piedra grande), y sobre esta piedra (petra, una piedra gigante como el estrecho de Gibraltar) edificaré mi iglesia, y las puertas del reino de la muerte (el Hades, los poderes de la región del infierno) no prevalecerán contra ella.

Te daré las llaves del reino de los cielos; todo lo que ates (lo que declares impropio e ilegal) en la tierra quedará atado en el cielo, y todo lo que desates (lo que declares legal) en la tierra quedará desatado en el cielo. [Vea también Isaías 22:22.]

(Mateo 16:18-19)

Autoridad a través de la oración

Dado que no somos solo criaturas físicas sino también seres espirituales, podemos desde el plano físico afectar el plano espiritual. Esto es un privilegio y una gran ventaja. Podemos entrar en el mundo espiritual a través de la oración y actuar de tal manera que se produzca un cambio en la situación. *"Dios es Espíritu…"* (Juan 4:24) y toda respuesta que necesitamos para cada situación está en Él.

Jesús dijo a Pedro que le daría las llaves del reino de los cielos. Las llaves abren puertas, y creo que esas llaves –al menos en parte– pueden representar varios tipos de oración. Jesús continuó enseñando a Pedro acerca del poder de atar y desatar, el que opera sobre el mismo principio espiritual.

Jesús también le hablaba a Pedro del poder de la fe en el versículo 18, y sabemos que una forma en que se libera la fe es mediante la oración. El poder de atar y desatar también se ejerce a través de la oración.

Cuando oramos para ser libres de alguna atadura en nuestra vida, o en la de otra persona, en realidad lo que hacemos es atar el problema y desatar una respuesta. El acto de orar ata el mal y desata el bien.

———— ❧ ————

*Jesús nos ha impartido el poder y la autoridad
para usar las llaves del Reino, para que así
su voluntad se realice en la Tierra.*

13

Palabra de Dios para ti:

Un día subía Pedro y Juan al templo a las tres de la tarde, que es la hora de la oración...

(HECHOS 3:1)

El hábito de la oración

Por compararse con otros, muchos se sienten culpables con su vida de oración. Dios es un Dios creativo y anhela que cada hombre y mujer tengan una vida de oración propia e individual. No es necesario que sea como la de otra persona.

Sí, existen principios definidos acerca de la oración, los que deben tenerse en cuenta. Como vemos en el libro de los Hechos, los discípulos de Jesús apartaban ciertas horas del día para ir a un lugar determinado a orar. Esta es una buena autodisciplina, pero debería ser solo el comienzo de la oración y no el final. Debemos disciplinarnos para tener una agenda de oración que se adecue a nosotros, y luego continuarla hasta que sea parte de nuestro estilo de vida, de modo que la cumplamos sin pensarlo siquiera.

Todo el día podemos continuar comunicándonos con el Señor por medio de la alabanza y la adoración, dándole gracias por su presencia y pidiendo su ayuda para cada una de nuestras necesidades. Luego justo antes de irnos a dormir, a la noche, podemos ofrecer una oración final de gratitud por las bendiciones recibidas en el día, y pedir por un sueño en paz, restaurador.

*Dios quiere que la oración
sea parte normal de nuestra vida.*

Palabra de Dios para ti:

Oren sin cesar (perseveren al orar).

(1 TESALONICENSES 5:17)

Oren en el Espíritu en todo momento (ocasión, época), con peticiones y ruegos. Manténganse alerta y perseveren en oración por todos los santos.

(EFESIOS 6:18)

Oren sin cesar

Nuestra oración debe ser persistente.

Solía preguntarme: "Señor ¿cómo podré llegar alguna vez al punto de orar sin cesar? Para mí la frase "sin cesar" significaba sin descanso, hacerlo siempre. No podía ver cómo fuera posible ponerlo en práctica.

Ahora tengo una mejor comprensión de lo que decía el apóstol Pablo. Quería decir que la oración debía ser como la respiración, algo que hacemos constantemente y a menudo, es algo inconsciente. Nuestro cuerpo físico requiere respiración. De manera semejante, nuestro cuerpo espiritual está diseñado para nutrirse y sostenerse a través de la oración continua.

El problema es que debido a nuestro pensamiento religioso, tenemos la idea errónea de que si no cumplimos con cierta agenda de oración, no lograremos los resultados deseados. Nos volvemos demasiados "religiosos" con la oración, pensamos que debemos hacerlo de esta manera, o de tal otra, porque si no traemos condenación a nuestra vida. La lección importante respecto a la oración no es la posición, el momento o el lugar, sino aprender a orar —con fe en todo momento— sin cesar.

El Espíritu Santo es el que te
guiará a la oración que no cesa.

Palabra de Dios para ti:

No se inquieten (no estén ansiosos) por nada; más bien, en toda ocasión, con oración y ruego, presenten sus peticiones (pedidos específicos) a Dios y denle gracias.

Y la paz de Dios (la paz que viene de Dios), que sobrepasa todo entendimiento, cuidará sus corazones y sus pensamientos en Cristo Jesús.

(FILIPENSES 4:6-7)

La oración produce paz

En este pasaje, Pablo no dice: "ora y preocúpate", sino que dice: "No se inquieten por nada". ¿Por qué orar y no inquietarnos? Porque la oración es el medio por el que *echamos toda nuestra ansiedad* en el Señor.

Cuando el diablo trata de turbarnos, debemos dejar todo ese peso en Dios. De esto se trata la oración: reconocer ante el Señor que no podemos llevar esa carga de preocupación, y por eso la entregamos a Él. Si oramos por algo y luego continuamos inquietos, mezclamos lo positivo con lo negativo. Si lo hacemos, ambos se anulan entre sí, de tal manera que volvemos donde comenzamos: a cero.

La oración es una fuerza positiva; la preocupación es una fuerza negativa. El Señor ha dicho que la razón por la que mucha gente opera sin poder en lo espiritual, es porque cancela el poder positivo de su oración al abrirse al poder negativo de la preocupación.

Mientras estamos preocupados no confiamos en Dios. Solo si creemos y tenemos fe en el Señor, podremos entrar en su descanso y disfrutar la paz que sobrepasa todo entendimiento.

*Decide ahora entregar toda preocupación al Señor,
y comienza a ver cómo Él tiene cuidado de ti.*

Palabra de Dios para ti:

Vengan a mí todos ustedes que están cansados y agobiados, y yo les daré descanso. Carguen con mi yugo y aprendan de mí pues yo soy apacible y humilde de corazón, y encontrarán descanso para su alma.

(MATEO 11:28-29)

En tal reposo entramos los que somos creyentes (los que hemos creído).

(HEBREOS 4:3)

La oración produce descanso

Si no tenemos reposo, significa que no estamos creyendo; porque el fruto de creer es reposo y descanso en el Señor.

Por muchos años yo decía: "Sí, creo en Dios; confío en el Señor". Pero no hacía ninguna de las dos cosas. No sabía cómo creer en Dios o cómo confiar en el Señor. Era ansiosa, asustadiza, irritable y me sentía nerviosa e inquieta todo el tiempo.

Así como podemos estar activos exteriormente, también podemos estarlo en nuestro interior. Dios quiere que no solo nuestro cuerpo entre en el descanso del Señor, sino también nuestra alma.

Para mí, hallar descanso, alivio, comodidad, renuevo, restauración y una bendita quietud para mi alma significa ser libre del torbellino mental. Lo que significa no tener que vivir el tormento de razonarlo todo, siempre tratando de encontrar la respuesta que no tengo. No debo que preocuparme; por el contrario, puedo permanecer en un lugar de quietud, paz y descanso mediante la oración.

Si verdaderamente creemos en Dios y confiamos en el Señor, hemos entrado en su descanso.

Si oramos y le entregamos nuestra preocupación a Él, moramos en la perfecta paz de su santa presencia.

Puedes hablar su palabra a tu alma agitada
y a tu mente atormentada, tal como Jesús habló
al viento y a las olas cuando dijo: "Paz, calma".

Palabra de Dios para ti:

También por medio de él, y mediante la fe, tenemos acceso (entrada) a esta gracia en la cual nos mantenemos firmes. Así que nos regocijamos en la esperanza de alcanzar la gloria de Dios.

Y no sólo en esto (por lo cual estamos llenos de gozo), sino también en nuestros sufrimientos (presiones, aflicciones), porque sabemos que el sufrimiento produce perseverancia; la perseverancia, entereza de carácter (fe probada e integridad); la entereza de carácter (produce), esperanza.

(ROMANOS 5:2-4)

La oración produce paciencia y esperanza

Es fácil decir: "No te preocupes"; pero para realmente llegar a lograrlo se requiere de una experiencia con Dios. No creo que haya alguna forma en que una persona pueda vencer completamente la preocupación, la ansiedad y el temor, y a la vez desarrollar el hábito de la paz, el descanso y la esperanza, si no ha tenido años de experiencia con el Señor.

Por eso es tan importante mantener la fe y la confianza en Dios en medio de las pruebas y tribulaciones. Con firmeza debemos resistir la tentación de abandonar la lucha y escapar cuando la marcha se torna dura y a veces muy difícil por un largo tiempo. Es en estos duros momentos de prueba cuando el Señor edifica en nosotros la paciencia, la persistencia y el carácter, que finalmente producirá el hábito de una esperanza gozosa y confiada.

Cuando tú y yo estamos en medio de la batalla contra nuestro enemigo espiritual, cada *round* por el que pasamos da lugar a una valiosa experiencia y una mayor fortaleza. Cada vez que enfrentamos un ataque nos hacemos más fuertes. Si persistimos en fe y rehusamos desertar la lucha, seremos mucho más fuertes de lo que el diablo puede imaginar. Cuando esto suceda, habremos alcanzado la madurez espiritual.

—— ❧ ——

*Servimos a un Dios tan maravilloso que
puede hacer que aquello que Satanás intenta para
nuestro mal, obre para nuestro bien.*

Palabra de Dios para ti:

Todos, en un mismo espíritu, se dedicaban a la oración, junto con las mujeres y con los hermanos de Jesús y su madre María.

(HECHOS 1:14)

La oración en unidad o conjunta

Dondequiera que los creyentes se unen en oración y lo hacen como un solo cuerpo, se manifiesta gran poder. Jesús dijo: *"Porque donde dos o tres se reúnen en mi nombre, allí estoy yo en medio de ellos"* (Mateo 18:20).

En todo el libro de los Hechos leemos que el pueblo de Dios se reunía *"en un mismo espíritu"*, *"unánimes"*, *"de común acuerdo"* (Hechos 2:1, 46; 4:24; 5:12; 15:25, RVR). Y era la fe en unidad, el acuerdo conjunto, la presencia de Jesús por medio del poder del Espíritu Santo, lo que hacía tan efectivas sus oraciones. Veían el mover de Dios en forma poderosa al confirmar la verdad de su Palabra, mientras testificaban de su fe en Jesús.

En Filipenses 2:2, Pablo dice: *"Llénense de alegría teniendo un mismo parecer, un mismo amor, unidos en alma y pensamiento"*.

Pablo asienta un principio importante acerca de la oración conjunta. Si ponemos por obra estas palabras y logramos armonía y unidad entre nosotros y Dios, experimentaremos los mismos resultados poderosos que disfrutaron los discípulos del primer siglo en el libro de los Hechos.

Cuando nos unimos a orar, ¡Dios muestra su poder!

Palabra de Dios para ti:

*Ya me he dado cuenta de que éste es un pueblo terco
—añadió el Señor, dirigiéndose a Moisés—.*

*Tú no te metas. Yo voy a descargar mi ira sobre ellos, y
los voy a destruir. Pero de ti haré una gran nación.*

*Moisés intentó apaciguar al Señor su Dios, y le suplicó:
Acuérdate de tus siervos Abraham, Isaac, e Israel. Tú mismo
les juraste que harías a sus descendientes tan numerosos
como las estrellas del cielo; ¡tú les prometiste que a sus
descendientes les darías toda esta tierra como su herencia
eterna!*

*Entonces el Señor se calmó y desistió de hacerle a su
pueblo el daño que le había sentenciado.*

(ÉXODO 32:9-11, 13-14)

Dios cambia a la gente
a través de la oración

La intercesión de Moisés por los hijos de Israel es un ejemplo conmovedor de cómo la oración sincera puede cambiar el plan de Dios.

Hay veces cuando puedo percibir que Dios comienza a cansarse de ser paciente con alguien que no le obedece, y me siento guiada a orar para que sea misericordioso con esa persona y le dé otra oportunidad.

Como Jesús dijo a sus discípulos en el huerto de Getsemaní, debemos "velar y orar" (Mateo 26:41, RVR). Necesitamos orar unos por otros, no juzgar ni criticar. Si observamos a la gente, podemos darnos cuenta si necesitan aliento, si están deprimidos, temerosos, inseguros o si atraviesan por problemas. Dios nos permite discernir sus necesidades para que seamos parte de la respuesta, no del problema. Recuerda que no somos el alfarero, Dios lo es, y ciertamente no sabemos cómo "moldear" a la gente.

Los que sufren no precisan a alguien con un espíritu de orgullo que traten de moldearlos; necesitan aceptación, amor y oración.

¡Orar! ¡Orar! ¡Orar! Esta es la única manera de lograr que las cosas sucedan como Dios quiere. Si hacemos todo a su modo, siempre lograremos buenos resultados.

Nosotros debemos orar, y dejar que Dios haga la obra.

Palabra de Dios para ti:

En efecto, nosotros somos colaboradores al servicio de Dios; y ustedes son el campo de cultivo de Dios, son el edificio de Dios.

(1 Corintios 3:9)

¿No saben (disciernen) que ustedes son templo de Dios y que el Espíritu Santo de Dios habita en ustedes? (para hacer de ti su hogar individual y como iglesia).

(1 Corintios 3:16)

Somos el lugar de oración

Bajo el antiguo pacto el templo era la casa de Dios, el lugar de oración para su pueblo, los hijos de Israel. No se escatimaban esfuerzos para embellecerlo pues iban a adorar al Señor su Dios. En 1 Reyes 6 se describe el templo de Salomón donde estaba el arca del pacto, garantía de la presencia de Dios.

Bajo el nuevo pacto, Pablo nos dice que la presencia de Dios es el misterio de Cristo revelado: *"la esperanza de gloria"* (Colosenses 1:27). Por esa unidad que ahora tenemos con Cristo, somos el templo viviente de Dios. El Espíritu Santo mora en nosotros, un edificio todavía en construcción pero que ya es su casa, su tabernáculo. Por esto Pablo nos dice en demasía que debemos vivir una vida santa. Somos el templo del Dios viviente.

Los hijos de Israel tenían que ir a un lugar específico para ofrecer su adoración, según detalladas instrucciones, pero nosotros tenemos el increíble privilegio de adorar a Dios en cualquier lugar y momento. Por lo tanto, deberíamos ser llamados casa de oración.

Nos convertimos en el santuario de Dios
por la presencia del Santo en nosotros.

Cómo orar eficazmente

No hay nada más poderoso
para cambiar nuestra vida
y la de los que están alrededor,
que ver la mano de Dios que
se mueve en respuesta a nuestra
oración sincera y continúa.

Palabra de Dios para ti:

La oración (continua) del justo es poderosa y eficaz.
(SANTIAGO 5:16)

Parte Dos

Cómo orar
eficazmente

legué a un punto en mi vida de oración donde me sentía frustrada, fracasada, así que comencé a buscar a Dios. Anhelaba tener la seguridad de que la oración ferviente que nace del corazón del justo, desate enorme poder –como la explosión de la dinamita–. Quería que ese poder que proviene de Dios estuviera disponible para cambiar situaciones y bendecir a la persona por la que oraba.

Si queremos aprender a orar eficazmente, debemos decir: "Señor, enséñame a orar". Él te mostrará las llaves para orar eficazmente. Las llaves cierran y abren. Las llaves reflejan autoridad. El que tiene las llaves, tiene la autoridad espiritual. Cuando oramos de esta manera, le estamos pidiendo al Señor que nos revele sus principios, los que harán más eficaces nuestras oraciones.

Te aliento a buscar la voluntad de Dios al orar, porque hay unción sobre la oración que coincide con su voluntad. Dios me mostró que orar fervientemente significa poner todo tu ser, toda tu atención, tu mente, tu voluntad, tus emociones; todo de ti por lo que oras. Él está más interesado en la calidad de tu oración que en la cantidad.

No sientas vergüenza por persistir en la oración.

Palabra de Dios para ti:

La oración fervorosa del justo tiene mucho poder.

(SANTIAGO 5:16, DHH)

La oración eficaz del justo puede mucho.

(SANTIAGO 5:16, RVR)

La oración eficaz del justo puede lograr mucho.

(SANTIAGO 5:16, BA)

La oración ferviente

Para que la oración sea efectiva debe ser ferviente. Sin embargo, si mal interpretamos la palabra *ferviente*, podemos sentirnos presionados a tener que crear una fuerte emoción antes de orar, porque de otro modo pensamos que nuestras oraciones no serían efectivas.

Por muchos años creí así, y quizás tú también has estado confundido o engañado al respecto. Otras traducciones de la Biblia nos aclaran el significado: *"la oración fervorosa... tiene mucho poder"; "...puede lograr mucho"*.

Creo que este versículo significa que las oraciones deben brotar de nuestro corazón y no solo de nuestra cabeza.

A veces experimento una gran emoción mientras oro. A veces incluso lloro. Pero muchas otras no soy tan emotiva. La oración confiada no es posible si fundamentamos su valor en los sentimientos. Recuerdo cómo disfrutaba los momentos al orar cuando podía *sentir* la presencia de Dios, y luego preguntarme qué estaba mal cuando *no sentía* nada. Aprendí más tarde que la fe no se basa en *sentir* emociones, sino en el conocimiento que hemos puesto en el corazón.

Confía que tus fervientes y sinceras oraciones son efectivas porque tu fe está en Dios, no en tu propia habilidad para vivir en santidad, o para orar con elocuencia.

Palabra de Dios para ti:

La oración (fervorosa) del justo es poderosa y eficaz.
Elías era un hombre con debilidades como las nuestras.
Con fervor oró que no lloviera, y no llovió sobre la tierra
durante tres años y medio.

(SANTIAGO 5:16-17)

La oración del justo

Santiago nos dice que la oración ferviente de un hombre *justo* es poderosa. Se refiere a alguien que no está bajo condenación, una persona que confía en Dios y en el poder de la oración. No significa que es un hombre sin imperfecciones en su vida.

Elías era un hombre de Dios que no siempre se comportaba perfectamente, pero tampoco permitía que sus imperfecciones le robaran la confianza en Dios. Elías tenía fe, pero también sentía temor. Era obediente, pero a veces era desobediente. Amaba a Dios y quería cumplir su voluntad y el llamado para su vida; pero otras veces cedía a las debilidades humanas e intentaba evitar cumplir su voluntad y llamado.

En 1 Reyes lo vemos moverse con enorme poder, clamando que descendiera fuego del cielo y matando a cuatrocientos cincuenta profetas de Baal. Inmediatamente después lo vemos lleno de temor cuando escapa de Jezabel: actuó en forma negativa y depresiva, e incluso deseó morir.

Como muchos de nosotros, Elías permitía que sus emociones lo controlaran, y a pesar de ello hacía oraciones poderosas. Su ejemplo debe transmitirnos fe, y así poder vencer la condenación, la que nos dice que no podemos orar con poder a causa de nuestras debilidades y faltas.

¡Jamás subestimes el poder
de la oración ferviente y eficaz!

Palabra de Dios para ti:

Y al orar, no hablen sólo por hablar como hacen los gentiles, porque ellos se imaginan que serán escuchados por sus muchas palabras. No sean como ellos, porque su Padre sabe lo que ustedes necesitan antes de que se lo pidan.

(MATEO 6:7-8)

Breve y simple

Dios me ha instruido a orar y hacer mis peticiones con tan pocas palabras como me sea posible. Si puedo expresar una plegaria de manera simple y no confundir el tema al tratar de usar muchas palabras, mi oración resulta más clara y poderosa.

Debemos usar nuestra energía para soltar la fe, y no gastarla al repetir frases una y otra vez, solo para que la oración sea más larga.

En verdad me ha sido difícil hacer que mis plegarias sean breves y simples. Comencé a darme cuenta que mi problema al orar era que no tenía fe en que mi oración llegaría si fuera breve, simple y sin vueltas. Había caído en la misma trampa que mucha gente que piensa: "cuanto más larga, mejor". Esto no significa que solo apoye el orar brevemente, sino que sugiero que cada oración sea simple, directa, sin vueltas y llena de fe.

Al seguir la guía de Dios para orar de una manera simple, y pedir con la menor cantidad de palabras posible, experimento una mayor liberación de mi fe, y sé que Dios escucha y me contestará.

Si tus oraciones son complicadas, hazlas simples.
Si no oras lo suficiente, ora más.

Palabra de Dios para ti:

Pidan (sigan pidiendo), y se les dará; busquen (sigan buscando), y encontrarán; llamen (sigan llamando), y se les abrirá.

Porque todo el que pide (continúa pidiendo), recibe; el que busca (continúa buscando), encuentra; y al que llama (continúa llamando), se le abre.

(MATEO 7: 7-8)

¿Cuántas veces debo orar?

Creo que no podemos fijar reglas estrictas sobre cuántas veces orar por lo mismo.

Sí creo que hay algunos lineamientos aplicables que puedan ayudarnos a tener mayor confianza en el poder de la oración.

Si mis niños necesitan algo, me gusta que confíen en que haré lo que me pidan.

No me importaría –y hasta podrían hacerme sentir bien– que dijeran alguna vez: "Mami, estoy seguro que voy a tener ese par de zapatos". Tal afirmación me diría que creen que haré lo que prometí. En realidad, me recordarían la promesa, pero de un modo que no cuestiona mi integridad.

Creo que a veces cuando pedimos a Dios lo mismo una y otra vez, mostramos duda e incredulidad, no fe y perseverancia.

Cuando pido al Señor algo en oración y esa petición vuelve a mi mente más tarde, hablo con Él nuevamente. Pero al hacerlo, evito pedir lo mismo como si pensara que Dios no me escuchó la primera vez; le agradezco al Señor que esté obrando en esa situación por la que ya oré.

*La oración fiel y persistente edifica la fe
y la confianza, mientras seguimos orando.*

Palabra de Dios para ti:

Esta es la confianza (la seguridad) que tenemos al acercarnos a Dios: que si pedimos conforme a su voluntad, él nos oye.

Y si sabemos (positivamente) que Dios oye todas nuestras oraciones, podemos estar seguros (con certero conocimiento) de que ya tenemos lo que le hemos pedido.

(1 JUAN 5:14-15)

¡Cree que Dios te escucha!

¡Cuándo ores, cree que Dios te escucha!

En Juan 11:41-42, justo antes de que Jesús llamara a Lázaro fuera de la tumba, oró: *"Padre, te doy gracias porque me has escuchado. Ya sabía que siempre me escuchas, pero lo dije por la gente que está aquí, para que crean que tú me enviaste"*. ¡Qué confianza se expresa en esta declaración!

Satanás no quiere que tengamos esta clase de confianza. Pero yo te aliento una vez más: ¡confía! Decídete a ser un creyente, no un mendigo. Acércate al trono en el nombre de Jesús. ¡Su Nombre llamará la atención!

Dado que mi ministerio se difunde por televisión, algunas personas me conocen y a otras les gusta usar mi nombre. A mis empleados les gusta decir: "Trabajo para Joyce Meyer", y también a mis hijos les gusta decir: "Joyce Meyer es mi madre". Piensan que los que les oyen prestarán mayor atención si me nombran.

Si esto funciona con los seres humanos, piensa cuánto obrará en el mundo espiritual, especialmente cuando usamos el Nombre que está por encima de todos los otros nombres: ¡el bendito nombre de Jesús! (Filipenses 2:9-11).

Acércate a Dios en oración, confiadamente.
Con certeza. En el nombre de Jesús.

Palabra de Dios para ti:

Aconteció que estaba Jesús orando en un lugar, y cuando terminó, uno de sus discípulos le dijo: Señor, enséñanos a orar, como también Juan enseñó a sus discípulos.

Y les dijo: cuando oréis, decid: Padre nuestro que estás en los cielos, santificado sea tu nombre. Venga tu reino. Hágase tu voluntad, como en el cielo, así también en la tierra.

El pan nuestro de cada día, dánoslo hoy.

Y perdónanos nuestros pecados, porque también nosotros perdonamos a todos los que nos deben. Y no nos metas en tentación, mas líbranos del mal".

(Lucas 11:1-4, RVR)

Conoce a Dios como tu padre

Por muchos años oré el Padrenuestro ¡sin conocer a Dios como mi padre! No tenía una relación personal ni íntima con Él. Solo repetía algo que había aprendido.

Si quieres frutos en tu vida de oración, debes conocer a Dios como tu Padre. Cuando los discípulos pidieron a Jesús que los instruyera cómo orar, les enseñó lo que llamamos: *El Padrenuestro*, un tesoro espiritual de principios acerca de la oración. Pero sobre todo Jesús los instruyó a decir: *"Padre nuestro que estás en los cielos, santificado sea tu nombre"*.

Jesús les mostraba la importante relación de privilegio que Él vino a dar a cada creyente. Les dijo que precisaban tener una relación con Dios como su padre, si anhelaban llegar a Él en oración. No te acerques a Dios como si fuera un ogro al que temes; por el contrario, desarrolla una relación de padre-hijo con Él. Esta intimidad te dará libertad para pedir lo que no le pedirías si tu relación con Él fuera formal y distante.

Nuestro Padre Celestial anhela dar buenos dones a sus hijos.

℞

*Cuando ores, recuerda que tienes un
Padre amoroso. Él te escucha.*

Palabra de Dios para ti:

Supongamos –continuó– que uno de ustedes tiene un amigo, y a medianoche va y le dice: "Amigo, préstame tres panes pues se me ha presentado un amigo recién llegado de viaje y no tengo nada que ofrecerle".

Y el que esta adentro le contesta: "No me molestes. Ya está cerrada la puerta, y mis hijos y yo estamos acostados. No puedo levantarme a darte nada".

Les digo que, aunque no se levante a darle pan por ser amigo suyo, sí se levantará por su impertinencia y le dará cuanto necesite.

(LUCAS 11:5-8)

Hazte amigo de Dios

La clave de esta escritura es *la amistad*. El hombre de la historia fue a medianoche para conseguir pan para su amigo en necesidad. Si la persona a la que recurres no es tu amigo, no insistirías hasta el cansancio. Aquí Jesús decía a sus discípulos que Dios está mucho más dispuesto a darnos lo que necesitamos, que el hombre de la parábola a dar a su amigo.

El Señor dijo: *"Ustedes son mis amigos si hacen lo que yo les mando"* (Juan 15:14). Hablamos de la actitud de un corazón recto, que va a obedecer a Dios sin importarle el costo. Este es uno de los criterios para ser amigos de Dios; otro es pasar largo tiempo juntos.

Isaías 41:8 dice: *"Pero tú, Israel, mi siervo, tú Jacob, a quien he escogido, simiente de Abraham, mi amigo"*. ¡Qué maravilla que Dios te llame su amigo! Cuando estaba por enviar juicio dijo: *"¿Le ocultaré a Abraham lo que estoy por hacer?"* (Génesis 18:17). Como su amigo, puedes tener la seguridad que conocerás su obrar de antemano.

Cuanto más íntimo amigo seas de Dios,
más confianza tendrás cuando ores.

Palabra de Dios para ti:

Así que acerquémonos confiadamente al trono de la gracia para recibir misericordia y hallar la gracia que nos ayude en el momento que más la necesitamos.

(HEBREOS 4:16)

¡Sé fuerte!

Cuando tú y yo oramos, necesitamos estar seguros de que nos acercamos a Dios como creyentes y no como mendigos. Recuerda, según Hebreos 4:16 debemos acercarnos con confianza al trono; no como si pidiéramos limosna, sino confiadamente; no con ansiedad, sino con la seguridad de lograr su atención.

Es importante mantener el equilibrio. Sé respetuoso, pero también confiado. Acércate a Dios con certeza en tu corazón. Cree que Él se deleita con tus oraciones, y que está listo para contestar cualquier petición que esté de acuerdo a su voluntad.

Como creyentes, debemos conocer la Palabra de Dios y cuál es su voluntad; de esta manera será más fácil orar de acuerdo a lo que Dios desea. No te acerques a Él con la pregunta de si lo que pides es su voluntad. Afírmalo en tu corazón *antes* de orar.

Cuando tú y yo nos acercamos confiadamente al trono de la gracia de Dios, cubiertos con la sangre de Jesús, y pedimos en fe, en acuerdo con su palabra y en el nombre de su hijo Jesucristo, sabemos que tenemos las peticiones que le hemos hecho. No porque somos perfectos o merecedores, o porque Dios nos deba algo, sino porque Él nos ama y anhela darnos lo que necesitamos para cumplir con la tarea que nos ha llamado a realizar.

Jesús ha comprado una herencia gloriosa para nosotros
a través del derramamiento de su sangre.
Como coherederos con Él, podemos orar confiadamente.

Palabra de Dios para ti:

Ustedes, en cambio, queridos hermanos, manténganse en el amor de Dios, edificándose sobre la base de su santísima fe y orando en el Espíritu Santo...

(JUDAS 20)

Orar en el Espíritu

Efesios 6:18 nos enseña que debemos orar en todo tiempo toda clase de oración; también Judas aquí dice que oremos en el Espíritu Santo. Pablo afirma en Romanos 8:26 que cuando no sabemos cómo orar, el Espíritu sabe cómo hacerlo en nuestra debilidad.

El Espíritu Santo de Dios que mora en nosotros es el que nos insta y dirige a orar. Tan pronto como lo sintamos debemos rendirnos a la guía del Espíritu. Esto es parte vital del aprendizaje de cómo orar toda clase de oración, en todo tiempo, dondequiera que estemos y sea lo que fuere que hagamos.

Nuestro lema debería ser el de la antigua canción: "Cada vez que sienta al Espíritu Santo moverse en mi corazón, oraré". Si sabemos que podemos orar en cualquier momento y lugar, no esperaremos el momento justo y el sitio exacto para hacerlo.

Cuando oramos en el Espíritu, podemos estar seguros de que nuestras oraciones llegan al trono de Dios y que serán contestadas.

Pide al Espíritu Santo que participe en todo lo que haces.
Él es el ayudador, y espera que se lo pidas.

Palabra de Dios para ti:

*Pues Dios no nos ha dado un espíritu de timidez (temor),
sino de poder, de amor y dominio propio.*

(2 TIMOTEO 1:7)

Orar y no temer

Dios quiere que oremos por todo y que no temamos a nada. Podríamos evitarnos muchos problemas si oráramos más, nos preocupáramos y temiéramos menos. Timoteo dice que Dios no nos ha dado un espíritu de temor. De modo que cuando sentimos temor, no proviene de Dios. Cualquier clase de miedo, pequeño o grande, no se origina en Dios sino en el diablo. Satanás tratará de intimidarnos con toda clase de temores, para que no oremos.

Si Abraham, Josué o David hubieran cedido ante el temor cuando la tarea que tenían por delante parecía inalcanzable, jamás hubieran experimentado a Dios como su abundante provisión.

La oración y la Palabra de Dios te darán poder para vencer el temor. Memoriza las Escrituras, así cuando sientas miedo puedes proclamar y confesar versículos en voz alta, como una oración llena de fe. Pienso que una de las cosas más importantes que podemos hacer al orar es confesar la Palabra.

A menudo, cuando debemos enfrentar situaciones difíciles comenzamos a temer, a cuestionarnos, a razonar sin saber qué hacer. Debemos enfrentar el temor. No alcanza con solo desear que desaparezca; le hacemos frente cuando declaramos la Palabra de Dios.

A través de la oración, ponte la armadura de Dios y párate frente a los feroces dardos de temor del enemigo.

Los tipos
de oración

*Como creyentes, a través
de la oración tenemos autoridad
espiritual para hacer la voluntad
de Dios en la Tierra.*

Palabra de Dios para ti:

Así que recomiendo, ante todo, que se hagan plegarias, oraciones, súplicas y acciones de gracias por todos; especialmente por los gobernantes y por todas las autoridades, para que tengamos paz y tranquilidad, y llevemos una vida piadosa y digna.

Esto es bueno y agradable a Dios nuestro Salvador.

(I Timoteo 2:1-3)

Parte Tres

Los tipos
de oración

ios tuvo que enseñarme algunas lecciones acerca de orar con fe, comprender que el Espíritu Santo me ayudaba a hacerlo y saber que Jesús intercedía conmigo (Romanos 8:26; Hebreos 7:25). ¡Dos de las personas de la Santísima Trinidad me ayudan cuando oro!

¿Con qué frecuencia orar? En todo tiempo. ¿Cómo orar? En el Espíritu, con diferentes clases de oración. Si le permitimos hacerlo, el Espíritu Santo nos guiará a orar sin cesar, será como respirar. Cuando esto sucede, podremos hacerlo continuamente.

Me gustaría mencionar ahora los tipos de oración que encontramos en la Palabra de Dios. Todos deberíamos practicarlos de manera habitual. Son simples, pueden orarse en cualquier lugar, en cualquier momento, y son oraciones más efectivas cuando nacen de un corazón que cree.

Ciertamente, Dios escucha nuestras oraciones y las contesta. Es lo que las hace tan poderosas y eficaces.

Palabra de Dios para ti:

Además les digo que si dos de ustedes en la tierra se ponen de acuerdo sobre cualquier cosa que pidan, les será concedida por mi Padre que está en el cielo.

(Mateo 18:19)

La oración de acuerdo

Creo que esta oración solo pueden hacerla dos o más personas comprometidas a vivir en mutuo acuerdo. No es para gente que habitualmente vive en contienda y luego decide que necesita acordar por algún milagro porque está desesperada. Dios honra las oraciones de los que pagan el precio de vivir en unidad.

Nuestro poder en la oración se multiplica cuando estamos en acuerdo con los que nos rodean (1 Pedro 3:7); por eso necesitamos estarlo todo el tiempo; no solo cuando afrontamos una situación difícil o una crisis. Hay veces en la vida cuando nos enfrentamos a algo que parece más grande que nosotros. En tales momentos es sabio orar con la persona que estemos en acuerdo mutuo respecto a esa situación.

Si sientes que no tienes a nadie en tu vida con quién unirte en oración, no te desesperes. Tú y el Espíritu Santo pueden ponerse de acuerdo. Él está a tu lado y dentro de ti, porque eres un hijo de Dios.

¡Hay poder en la unidad! Haz la oración de
acuerdo, sobre todo cuando sientas la necesidad de
¡un poco de poder extra en tu oración!

Palabra de Dios para ti:

Escucha, Señor, mi oración, atiende a mi súplica por tu fidelidad y tu justicia, respóndeme.

(SALMO 143:1)

¡Ah, si Dios me concediera lo que pido! ¡Si Dios me otorgara lo que anhelo!

(JOB 6:8)

La oración de petición

Esta oración es por mayoría la que más se practica. Hacemos una petición a Dios cuando solicitamos algo para nosotros. Otra palabra para petición es *requerimiento*. Es una demanda o pedido que hace una persona por algo a lo que tiene derecho legal, pero que aún no posee.

Como en lo militar, cuando un oficial requiere equipo o provisiones para sus hombres, como oficial del ejército, tiene derecho a ese material, pero para recibirlo debe presentar un pedido formal, definido.

Cuando vamos al Señor con una petición, estamos requiriendo de Él lo que ya ha separado para proveernos cuando surge la necesidad. Por esta razón, frecuentemente ejercemos nuestro derecho a peticionar ante Dios. Por supuesto, no es incorrecto pedir a Dios que haga cosas por nosotros, pero las peticiones deberían estar balanceadas con adoración y acciones de gracia.

Podemos tener plena confianza al pedirle a Dios por cualquier clase de necesidad en nuestra vida. No estamos limitados a un cierto número de pedidos por día. Podemos sentirnos en paz al hablar con Dios acerca de cualquier cosa que nos interese, porque Él ya sabe lo que nosotros necesitamos, y desea concedernos lo que le pedimos (Mateo 6:8).

⚘

Cuando estás en problemas,
acércate al trono antes de tomar el teléfono.

Palabra de Dios para ti:

Anímense unos a otros con salmos (en todo tiempo), himnos y canciones espirituales. Canten y alaben al Señor con el corazón, dando siempre gracias a Dios el Padre por todo, en el nombre de nuestro Señor Jesucristo.

(EFESIOS 5:19-20)

Así que ofrezcamos continuamente a Dios, por medio de Jesucristo, un sacrificio de alabanza, es decir, el fruto de los labios que confiesan su nombre". Compárese con Levítico 7:12; Isaías 57:19 y Oseas 14:2.

(HEBREOS 13:15)

La oración de alabanza y adoración

La alabanza es también narración, donde recordamos las cualidades de un individuo –en este caso, Dios–. Deberíamos alabar al Señor continuamente, es decir, todo el día. Alabarlo por sus obras poderosas, por las maravillas que ha creado, e incluso por las obras de gracia que Él hará en el futuro en cada una de nuestras vidas.

Un sacrificio de alabanza significa hacerlo aun cuando no lo sentimos. Deberíamos alabar a Dios por su bondad, misericordia, gracia, perseverancia y paciencia en los tiempos difíciles, y también por las buenas épocas. Mientras esperamos ver el cumplimiento de nuestras oraciones, deberíamos ofrendar continuamente a Dios el fruto de labios que con gratitud reconocen, confiesan y glorifican su nombre.

No es nuestra responsabilidad preocuparnos, malhumorarnos o tratar de ser Dios, y tomar en nuestras manos situaciones que deberíamos dejarle a Él. Por el contrario, nuestra responsabilidad es entregarle toda carga, confiando y orando sin ansiedad, evitando las obras de la carne, permaneciendo obedientes, llevando buen fruto y ofreciéndole sacrificio de alabanza.

*Que un sacrificio de alabanza esté de continuo
en nuestra boca por las maravillosas obras
de gracia que Él ha hecho por nosotros.*

Palabra de Dios para ti:

Den gracias a Dios en toda situación, porque esta es su voluntad para ustedes en Cristo Jesús.

(1 TESALONICENSES 5:18)

La oración de
acción de gracias

Después de decir que oremos sin cesar, Pablo nos indica que demos gracias a Dios en todo, sin importar cuál pueda ser nuestra circunstancia, y nos aclara que esta es su voluntad para nosotros. Así como la oración debe ser un estilo de vida, también lo debe ser la acción de gracia. Agradecer a Dios no debería ser algo que hacemos una vez al día, cuando nos detenemos a pensar en todo lo bueno que Él ha hecho por nosotros y decimos simplemente: "Gracias, Señor".

Eso es solo religión vacía; lo hacemos simplemente porque pensamos que Dios lo pide. La verdadera acción de gracias es un continuo fluir del corazón lleno de gratitud y adoración a Dios por quién es Él, y por todo lo que Él hace. No es algo que se realiza para satisfacer un requisito, ganar un favor, alcanzar una victoria o calificar para obtener una bendición.

La acción de gracias que desea Dios el Padre nace en la presencia de su Santo Espíritu, que se mueve en nosotros para expresar al Señor con palabras, aquello que sentimos y experimentamos en el espíritu.

Debemos ser agradecidos a Dios siempre,
reconociendo, confesando, glorificando continuamente
su nombre en alabanza y adoración.

Palabra de Dios para ti:

Yo he buscado entre ellos a alguien que se interponga entre mi pueblo y yo, y saque la cara por él para que yo no lo destruya. ¡Y no lo he hallado!

(EZEQUIEL 22:30)

Por eso también puede salvar por completo a los que por medio de él se acercan a Dios, ya que vive siempre para interceder por ellos.

(HEBREOS 7:25)

La oración de intercesión

Interceder significa, *pararse en la brecha* en el lugar de otro para presentar su caso ante el trono de Dios. Si la relación del pueblo con Dios ha sido afectada por un pecado en particular en sus vidas, tenemos el privilegio de ubicarnos nosotros mismos en su lugar y orar por ellos. Al interceder, podemos verlos consolados y alentados mientras esperan y creen que justo a tiempo, algo grandioso sucederá en respuesta a sus necesidades.

No sé qué hubiera hecho si otras personas no intercedieran por mí. Ruego a Dios que me dé gente que ore a mi favor, para ver en plenitud el cumplimiento del ministerio al que Él me ha llamado. Todos necesitamos las oraciones intercesoras de otras personas.

Orar por otros equivale a sembrar semillas. Si anhelamos tener una cosecha, debemos plantar semillas (Gálatas 6:7). Sembrarlas en la vida de otros, a través de la intercesión, es una forma segura de cosechar en nuestra propia vida. Cada vez que oramos por alguien, invitamos a Dios no solo a obrar en esa vida, sino también en la nuestra.

La intercesión es una de las maneras más importantes de llevar a cabo el ministerio de Jesucristo, el que Él comenzó en esta Tierra.

---

*Podemos desatar el poder de Dios
en la vida de otros al orar por ellos.*

Palabra de Dios para ti:

Encomienda al Señor tu camino; confía (apóyate, fíate) en él y él actuará.

(SALMO 37:5)

Depositen en él toda ansiedad (carga, preocupaciones, una vez y para siempre), porque él cuida de ustedes.

(1 PEDRO 5:7)

La oración de entrega

Cuando somos tentados a preocuparnos o a cargar con alguna situación difícil en la vida, deberíamos hacer una oración de entrega. Dios interviene en nuestras necesidades cuando las encomendamos a Él.

En mi propia vida, cuando más intentaba cuidar de las cosas por mí misma, mayor era la confusión. Era muy independiente, y me resultaba difícil humillarme y admitir que necesitaba ayuda. Sin embargo, cuando finalmente me sometí a Dios en esta área y descubrí el gozo de depositar toda mi preocupación en Él, no podía creer que hubiera vivido tanto tiempo bajo tan enorme presión.

Encomienda al Señor tus hijos, tu matrimonio, tus relaciones personales y especialmente cualquier necesidad en la que puedas sentirte tentado a preocuparte. Para tener éxito en ser nosotros mismos, debemos constantemente encomendarnos a Él, y entregarle las cosas que parecen detenernos. Solo Dios sabe realmente lo que es necesario hacer, y Él es el *único* capaz de realizarlo. Cuanto más nos entreguemos con sinceridad a Él, más progresaremos.

El creyente que confía en su Padre cuando las cosas
parecen no tener sentido, es un creyente maduro.

Palabra de Dios para ti:

Por lo tanto, hermanos, tomando en cuenta la misericordia de Dios, les ruego que cada uno de ustedes, en adoración espiritual, ofrezca su cuerpo como sacrificio vivo, santo y agradable a Dios.

(ROMANOS 12:1)

La oración de consagración

Otra clase de oración que produce un cambio de vida, es la oración de consagración, con la que nos entregamos a Dios. En la oración de consagración dedicamos a Él nuestra vida y todo lo que somos.

Para que Dios nos use, debemos rendirnos a Él por completo. Cuando nos consagramos verdaderamente al Señor, renunciamos a la carga que produce tratar de trazar nuestra propia vida. La consagración es un acto poderoso, pero debemos ser sinceros al hacerlo. Es muy fácil cantar con otros "Yo me rindo a ti", incluso podemos sentirnos tocados emocionalmente, pero la prueba real se encuentra en la vida cotidiana cuando las circunstancias no siempre son como pensamos. Entones, si cantamos "Yo me rindo a ti" una vez más, debemos consagrarnos a Dios en verdad.

El consagrarse a Dios es el aspecto más importante para resultar exitosos en ser nosotros mismos. Ni siquiera sabemos lo que se supone que debemos ser, menos aún cómo convertirnos en ello. Pero si de continuo mantenemos nuestra vida en el altar de consagración a Dios, Él obrará en nosotros de manera tal que podrá realizar la obra que desea *a través* de nosotros.

───────── ❧ ─────────

Cuando nos consagramos a Dios, Él nos
hace vasos aptos para ser usados por el Maestro.

Palabra de Dios para ti:

En cambio, el Señor está en su santo templo; ¡guarde toda la tierra silencio en su presencia!

(HABACUC 2:20)

Esperamos confiados en el Señor; él es nuestro socorro y nuestro escudo.

(SALMO 33:20)

La oración de silencio

A esta clase de oración también la llamo "esperar en el Señor". En nuestra sociedad, la de lo instantáneo y lo rápido, a menudo se carece de esta disciplina espiritual. ¡Lo queremos, y que sea ahora! Si estamos siempre en semejante apuro, perderemos la sabiduría que Dios quiere impartir a nuestro corazón, la que recibimos tan solo si permanecemos en silencio delante de Él.

Elías fue un hombre que conoció el secreto de la oración en silencio, la que espera en su presencia. Después de matar a los profetas de Baal, aprendió una valiosa lección acerca de cómo esperar en Dios. El Señor dijo a Elías que se fuera al monte y esperara. Apareció un viento muy fuerte; luego un terremoto y un gigantesco fuego, pero el Señor no estaba en ellos.

David también sabía esperar en la casa de Dios *"para contemplar la hermosura del Señor y recrearse en su templo"* (Salmo 27:4). Si queremos orar eficazmente, entonces debemos aprender a estar en silencio y escuchar su Palabra. Esperar y escuchar quita la atención de nosotros y la fija en Él, que es la respuesta a todas nuestras necesidades.

A menudo, es en el silencio cuando el poder de Dios
se mueve con mayor fuerza. Permite que el
Espíritu Santo te enseñe a esperar en su presencia.

Palabra de Dios para ti:

Cuando llegó a la región de Cesarea de Filipo, Jesús preguntó a sus discípulos:

—¿Quién dice la gente que es el Hijo del hombre? Le respondieron: (...)

—Tú eres el Cristo, el Hijo del Dios viviente —afirmó Simón Pedro.

(MATEO 16:13, 16)

La oración de confesión

Cuando Pedro afirmó que Jesús era el Cristo, el Hijo del Dios viviente, desataba con su boca la fe que tenía en su corazón. Orar y confesar lo que creemos en nuestro corazón, por la revelación del Espíritu Santo, es una forma poderosa de orar y fortalecer nuestra fe.

Debemos comprender que establecemos la fe que hay en nuestro corazón, con las palabras que salen de nuestra boca; tal como Pablo dice en Romanos 10:10 *"...pero con la boca se confiesa para ser salvo"*.

Es por eso que la oración es tan importante. Porque establecemos lo que creemos interiormente cuando comenzamos a expresarlo exteriormente. Por esto, confesar las escrituras en oración es también muy poderoso. Al hacerlo, afirmamos cosas en el mundo espiritual mediante las palabras que decimos en lo natural y, finalmente, lo que se dice en el espíritu se manifestará en lo físico.

Tú y yo deberíamos declarar constantemente la Palabra de Dios, creer en el corazón, y confesar con la boca lo que Dios expresa acerca de nosotros en su palabra.

─────── ✑ ───────

Desatamos el poder del cielo, al confesar
en el mundo natural, lo que Dios ya ha
hecho por nosotros en lo espiritual.

─────────────────

Palabra de Dios para ti:

Alégrense (deléitense) siempre en el Señor. Insisto:
¡Alégrense!

(FILIPENSES 4:4)

Quiero alegrarme y regocijarme en ti, y cantar salmos a
tu nombre, oh Altísimo.

(SALMO 9:2)

La oración de regocijo

Dos veces en la carta a los filipenses Pablo habla de regocijarse. Nos insta a no estar malhumorados o ansiosos, sino a orar y dar gracias a Dios en todo; no después que todo se solucione.

Si esperamos que todo sea perfecto para regocijarnos y agradecerle a Dios, nunca llegaremos a disfrutar de la vida. Aprender a gozar de ella aún en medio de circunstancias adversas, es una forma de desarrollar madurez. Pablo también escribe que *"somos trasformados a su semejanza con más y más gloria por la acción del Señor, que es el Espíritu"* (2 Corintios 3:18). Necesitamos aprender a disfrutar la gloria que experimentamos en cada nivel de nuestro desarrollo. Elevemos una oración de regocijo y estemos gozosos en el Señor en este día, y todos los días a lo largo del camino hacia nuestra meta.

Al comenzar mi ministerio dependía de las circunstancias para ser feliz. Finalmente, el Señor me mostró la puerta a la felicidad. Me dio una gran victoria al enseñarme que la plenitud del gozo se encuentra en su presencia, ¡no en sus regalos! (Salmo 16:11).

El verdadero gozo proviene de buscar el rostro de Dios.

Por qué la oración no tiene respuesta

No existe la falta de poder en el cielo
pero, con frecuencia, hay carencia
de oraciones en la Tierra.

Palabra de Dios para ti:

Queridos hermanos, si el corazón no nos condena, tenemos confianza delante de Dios, y recibimos todo lo que le pedimos porque obedecemos (cuidadosamente) sus mandamientos (sugerencias, planes) y hacemos (habitualmente) lo que le agrada.

(1 JUAN 3: 21-22)

Parte Cuatro

Por qué la oración no tiene respuesta

Si hay algo que quiero saber con certeza, es que mis oraciones serán contestadas. Por mucho tiempo me sentí frustrada porque no veía respuesta en la forma que me hubiera gustado. Sabía que tenía un amoroso Padre Celestial que se deleita en responder nuestras peticiones. Pero algo fallaba, así que busqué al Señor. Él comenzó a instruirme en su Palabra, respecto a una cantidad de obstáculos que se interponen en nuestra vida de oración. Al comenzar a alinear mi vida con los aspectos que Él me mostraba, empecé a ver más fe y poder en mis oraciones. ¡Y por supuesto, más respuestas!

Cuando vas a orar, ¿te sientes incómodo? Tal vez estés bajo condenación; puede ser que no ores como un hombre justo; quizás hay iniquidad en tu corazón.

Si deseamos que nuestras oraciones sean contestadas, debemos aprender a entrar en el mundo espiritual, y permitir que el Espíritu Santo muestre los obstáculos que anhela quitar de nuestra vida. Luego, debemos ser obedientes a lo que Él revele, para que nuestras oraciones sean fervientes y eficaces en favor del Reino de Dios.

*Permite que el Espíritu Santo traiga
convicción a tu corazón, que te limpie y te llene
para que tus oraciones tengan fe y poder.*

Palabra de Dios para ti:

En aquel día ya no me preguntarán nada.

Ciertamente les aseguro que mi Padre les dará todo lo que pidan en mi nombre. Hasta ahora no han pedido nada en mi nombre.

Pidan y recibirán para que su alegría sea completa. [Vea también Éxodo 3:14.]

(Juan 16: 23-24)

La gente no
ora con confianza

Nuestras oraciones no son contestadas porque no oramos con confianza. Es necesario ser más específicos al orar, y debemos tener confianza al acercarnos al trono de Dios y pedirle de corazón lo que deseamos, sin sentir vergüenza al hacerle conocer nuestras peticiones.

Uno de los mayores impedimentos que no permite que la gente ore con confianza, es que se enfoca solo en aquello que hicieron mal, en lugar de mirar lo que Jesús hizo bien. La Biblia nos enseña claramente que: *"... Dios lo trató como pecador, para que en él recibiéramos la justicia de Dios"* (2 Corintios 5:21). Porque somos justos en Él, podemos acercarnos con confianza al trono de la gracia por nuestras necesidades (Hebreos 4:16).

Juan 16:23-24 nos dice que podemos acercarnos confiadamente ante el trono en el nombre de Jesús, que es poderoso. Cuando uso su Nombre en mis oraciones, no es un talismán mágico con el que termino cada frase. Cuando me acerco a Dios en el nombre de Jesús, digo: "Padre, vengo a ti y presento todo lo que Jesús es, no lo que yo soy".

No divagues, ¡ten confianza! Te sorprenderás por las respuestas.

*Dios ama responder nuestras oraciones
confiadas hechas en el Nombre de Jesús.*

Palabra de Dios para ti:

Si en mi corazón hubiera yo abrigado maldad, el Señor no me hubiera escuchado. [Vea también Proverbios 15:29; 28:9; Isaías 1:15; Juan 9:31 y Santiago 4:3.]

(SALMO 66:18)

Sabemos que Dios no escucha a los pecadores, pero sí a los piadosos y a quienes hacen su voluntad.

(JUAN 9:31)

Iniquidad en mi corazón

Con frecuencia las oraciones no tienen respuesta porque hay iniquidad en nuestro corazón. David dijo: *"Si en mi corazón hubiera yo abrigado maldad, el Señor no me habría escuchado"* (Salmo 66:18). Significa que Él no nos oye cuando oramos, si venimos con un corazón impuro.

Si hay pecado en tu vida no podrás orar confiadamente. Si al acercarte a Dios te sientes incomodo, detente y pregúntale a Él por qué. Pídele que te revele cualquier cosa oculta. Si Él trae convicción a tu vida por algo, no lo evadas. Reconoce lo que es: pecado. Nos liberamos, cuando admitimos y confesamos nuestro pecado, cuando lo sacamos a la luz. Dios quiere que lo confieses, así puede limpiar y restaurar en ti una limpia conciencia para que puedas orar (1 Juan 1:9). Hay poder en la verdad y la honestidad, cuando venimos limpios ante el Señor y caminamos en la luz.

Asegúrate que tu corazón esté limpio delante de Dios, para que tus oraciones tengan vida y energía a través del poder del Espíritu Santo.

*Dios escucha tus oraciones, cuando
te acercas a Él con un limpio corazón.*

Palabra de Dios para ti:

Por eso, desde el día que lo supimos no hemos dejado de orar por ustedes. Pedimos que Dios les haga conocer plenamente su voluntad con toda sabiduría y comprensión espiritual.

(COLOSENSES 1:9)

La gente no ora de acuerdo a la voluntad de Dios

Otra razón por la que la oración no obtiene respuesta, es porque la gente no ora de acuerdo a la voluntad de Dios. Me gustaría decir que todos somos guiados por el Espíritu y que oímos la voz de Dios. Esa es nuestra meta, pero no todos hemos llegado aún allí.

A veces no es fácil discernir si lo que quieres es realmente la voluntad de Dios, o solo un deseo de la carne. Para conocer su voluntad, debes conocer la Palabra de Dios. El Salmo 119:105 dice: *"Tu palabra es una lámpara a mis pies; es una luz en mi sendero"*. Debemos estudiar la Palabra. Otro aspecto a tener en cuenta con relación a la voluntad del Padre es: el tiempo de Dios. Estar fuera de su tiempo es estar fuera de su voluntad. Si soy yo el que hace el esfuerzo para que las cosas sucedan, entonces estoy fuera de la voluntad de Dios para mí en este día.

Dice 1 Juan 5:14: *"Esta es la confianza (seguridad, privilegio, valor) que tenemos"*. Si no oro de acuerdo a la voluntad de Dios, Él no estará unido a mí, ni me dará el poder para orar con valor y confianza. Pero si conoces la voluntad de Dios respecto a tu petición, la fe brotará de tu espíritu para ayudarte a orar.

---
*Es sorprendente lo que la fe puede hacer
cuando conocemos la voluntad de Dios.*

Palabra de Dios para ti:

...no tienen, porque no piden.

(1 JUAN 5:15)

Y cuando piden no reciben, porque piden con malas intenciones, para satisfacer sus propias pasiones.

(SANTIAGO 4:2-3)

Propósitos y
motivos incorrectos

Según Santiago 4:3 muchas oraciones no son contestadas porque la gente no ora correctamente. Es decir, lo hacen con *"malas intenciones, para satisfacer sus propias pasiones"*. Puedes orar por algo que es voluntad de Dios, pero lo haces por una razón que no es la correcta. Cuando comienzas a aprender a orar eres carnal, así que al principio lo haces carnalmente. Vas a elevar muchas plegarias por motivos incorrectos. No hablamos acerca de lo que hacemos, sino de por qué lo hacemos.

Hace años yo pasaba muchas horas en oración para que mi ministerio creciera. Deseaba lucir bien frente a todos, y que me vieran exitosa. Quería que se dieran cuenta que era obvio que escuchaba a Dios. Anhelaba que la gente viniera a mis reuniones, porque cuanto más acudieran, mejor me vería yo.

Ahora sé quién soy en Cristo, y sé que mi valor personal no está fundamentado en mi ministerio. En aquel tiempo oraba por un motivo incorrecto. ¿Quieres que tu vida de oración sea poderosa y eficaz? Entonces, antes de orar evalúa tus motivaciones. Asegúrate de orar por razones santas y que lo haces con toda humildad.

Cuando Dios ve humildad y motivaciones correctas,
su gracia hace poderosas nuestras oraciones.

Palabra de Dios para ti:

Les aseguro que si alguno le dice a este monte: "Quítate de ahí y tírate al mar", creyendo, sin abrigar la menor duda que lo que dice sucederá, lo obtendrá.

(MARCOS 11:23)

Si a alguno de ustedes le falta sabiduría, pídasela a Dios, y él se la dará, pues Dios da a todos generosamente sin menospreciar a nadie.

Pero que pida con fe, sin dudar, porque quien duda es como las olas del mar, agitadas y llevadas de un lado a otro por el viento.

(SANTIAGO 1:5-6)

Duda e incredulidad

Otra razón por la que la oración no es contestada, es que hay duda e incredulidad en el corazón. La duda lleva a la confusión, y a menudo a la depresión. Mata nuestra fe y terminamos por emitir confesiones que son negativas.

En Lucas 18, Jesús refirió a sus discípulos una parábola acerca de que siempre deberían orar y no acobardarse, debilitarse, desanimarse ni abandonar. Habló de la viuda que insistió en presentar su caso ante el juez injusto hasta que él la escuchó. Jesús dijo que si un juez injusto puede ser movido por la persistencia, ¡cuánto más lo hará nuestro amoroso Padre Celestial, si nosotros no dejamos de creer por causa de la duda y la incredulidad!

Necesitamos aprender a movernos en el mundo del Espíritu a través de la fe, en lugar de confiar en lo que vemos en lo natural. *"Vivimos por fe, no por vista"* (2 Corintios 5:7). Toma el compromiso de estar en contacto con Dios, caminar siempre en su presencia. Si comienzas a escuchar las mentiras del diablo, pronto la duda y la incredulidad te atormentarán. Estos feroces dardos comienzan a batallar en tu mente. Recuerda que la duda y la incredulidad son el producto de la mente, y también de tener un enfoque equivocado.

*El mirar a Jesús, el autor y consumador de nuestra fe,
detendrá la duda y la incredulidad.*

Palabra de Dios para ti:

Entren por sus puertas con acción de gracias; vengan a sus atrios con himnos de alabanzas; denle gracias, alaben su nombre.

(SALMO 100:4)

Yo te daré gracias en la gran asamblea; ante una multitud te alabaré.

(SALMO 35:18)

Ingratitud

A menudo la oración no es contestada porque la gente no es agradecida. Hay personas que protestan, murmuran, que encuentran defectos y siempre se quejan. Tenemos que ser muy cuidadosos de no ser así. Debemos ser agradecidos a Dios por lo que Él hace. Si nos quejamos y somos desagradecidos todo el tiempo, tendremos dificultad en conseguir respuesta a nuestras oraciones.

Si quieres ver la obra de Dios en tu cónyuge, tus hijos, tus finanzas, tus circunstancias, tu trabajo... debes ser agradecido por lo que ya tienes.

Dios me dijo una vez: "Joyce, cuando la gente ora y me piden cosas, si no tienen un corazón agradecido, es una clara indicación para mí que gruñen y tratan de manipularme con lo que quieren". El plan del diablo es mantenerte insatisfecho por algo todo el tiempo, que protestes, te lamentes, que veas errores y defectos. El no ser agradecido te impide progresar y madurar en el Espíritu.

Dios anhela que crezcamos y maduremos; que lleguemos a ser más como su Hijo Jesús. La respuesta que Dios tiene para ser libres de la ingratitud, es tener una vida llena de alabanza y acción de gracia.

Busca hoy algo por lo que ser agradecido
y eleva una oración de alabanza y acción de gracia.

Palabra de Dios para ti:

Así es también la palabra que sale de mi boca: no volverá a mí vacía, sino que hará lo que yo deseo y cumplirá con mis propósitos.

(ISAÍAS 55:11)

Ciertamente, la palabra de Dios es viva y poderosa, y más cortante que cualquier espada de dos filos. Penetra hasta lo más profundo del alma y del espíritu, hasta la médula de los huesos (la parte más profunda de nuestra naturaleza), y juzga (discierne, analiza) los pensamientos y las intenciones del corazón.

(HEBREOS 4:12)

La gente no ora la Palabra

También fallamos en obtener respuesta a nuestras oraciones porque no están fundamentadas en la Palabra de Dios. El profeta Isaías dijo: *"...la palabra que sale de mi boca: no volverá a mí vacía"*. Dios afirma que su Palabra siempre cumplirá el propósito para el que Él la envió. Aprende la Palabra, habla la Palabra, ora la Palabra. Que Dios sepa que estás parado sobre el fundamento de su Palabra.

Cuando el diablo trate de mentirte, declárale las Escrituras. La Biblia dice que la Palabra es *"más cortante que cualquier espada de dos filos"* (Hebreos 4:12). Necesitamos estar seguros que nuestras oraciones nacen del Espíritu, y no que son el fruto de las emociones. Si permanecemos en la Palabra, Dios nos enseñará cuándo oramos en la carne, y cuándo lo hacemos en el Espíritu. El Espíritu Santo usa la Palabra para juzgar los pensamientos y las intenciones del corazón.

Si declaro la Palabra de Dios, la que está de acuerdo a su voluntad, puedo tener la certeza de que aquello por lo que oro no volverá vacío. Porque Dios promete cumplir su Palabra.

El Espíritu Santo vivificará la Palabra en ti
para impartir fe y certeza a tus oraciones.

Palabra de Dios para ti:

En la lengua hay poder de vida y muerte; quienes la aman comerán de su fruto. [Vea también Mateo 12:37.]

(PROVERBIOS 18:21)

El que refrena su lengua protege su vida, pero el ligero de labios provoca su ruina.

(PROVERBIOS 13:3)

Confesión negativa

Si queremos que nuestras oraciones tengan respuesta, no podemos orar y luego cancelarlas con una confesión negativa. Digamos que una madre ora por su hijo que tiene problemas en la escuela, hace la oración de fe y cree que Dios le dará la victoria. Luego sale a almorzar con dos vecinas y pasa la siguiente hora diciendo: "Estos problemas que tengo con el nene me enferman. ¿Por qué a mí?"

Esta clase de confesión negativa deja sin efecto todas las buenas intenciones de la oración. En realidad no deberíamos ni siquiera perder el tiempo en oración, si antes no hemos tomado la decisión que lo que pronunciamos concuerde con nuestras oraciones.

Cuando las vecinas preguntan cómo anda el niño, deberíamos decirles: "¿Sabes algo? En lo natural las cosas no han cambiado mucho, pero oro y tengo la confianza en mi corazón que Dios hará una obra poderosa en su vida".

Una vez que te has apropiado de la respuesta por medio de la fe, necesitas estar seguro que tu confesión está de acuerdo con lo que pediste a Dios que haga. No permitas que el diablo te engañe o te haga responder negativamente cuando la gente te hace preguntas. Contesta siempre con una confesión positiva de la Palabra de Dios.

---

*Cuando lo que hablas concuerde con
la confesión positiva de la Palabra de Dios,
verás sorprendentes resultados.*

Palabra de Dios para ti:

Y un siervo del Señor no debe andar peleando.

(2 Corintios 2:24)

Abandonen toda amargura (resentimiento), ira (mal temperamento) y enojo, gritos (contención) y calumnias (blasfemias, hablar mal), y toda forma de malicia.

(Efesios 4:31)

Contienda

La contienda es un ladrón, y rápidamente debemos aprender a reconocerlo y tratar con él. Tenemos que controlar la contienda, antes que ella nos controle.

La contienda se define como "acto o estado de lucha o pelea, particularmente intensa; discordia". Es pelear, argumentar, participar de un desacuerdo acalorado, es un fuerte enojo escondido. La contienda es peligrosa. Es una fuerza demoníaca enviada por Satanás con el propósito de destruir.

Casi siempre que alguien nos hiere, nos lastima, nos ofende, surge el enojo en nuestro interior. No es pecado sentir enojo. Pero no tendríamos que actuar impulsados por sentimientos de enojo. Tampoco debemos aferrarnos a la ira, ni dar lugar a la amargura, al resentimiento o a la falta de perdón.

Una actitud de juicio es la puerta abierta a la contienda. Debemos recordar que la misericordia triunfa sobre el juicio (Santiago 2:13). El juicio generalmente nos lleva al chisme. El chisme comienza a diseminar contienda. Nos aleja del acuerdo mutuo, la armonía y la unidad; en realidad lo que hace, es apartarnos de las bendiciones de Dios.

Cuando la tentación de juzgar a otros viene, y difundimos nuestra opinión a través del chisme y la crítica, debemos recordar esta útil sugerencia: *"aquel de ustedes que esté libre de pecado, que tire la primera piedra"* (Juan 8:7).

---

*Recuerda: Dios cambia las cosas a través de
la oración y la fe, no a través del juicio y el chisme.*

Palabra de Dios para ti:

Y cuando estéis orando, perdonad, si tenéis algo contra alguno, para que también vuestro Padre que está en los cielos os perdone a vosotros vuestras ofensas.

Porque si vosotros no perdonáis tampoco vuestro Padre que está en los cielos os perdonará vuestras ofensas.

(MARCOS 11:25-26, RVR)

Entonces se le acercó Pedro y le dijo: Señor, ¿cuántas veces perdonaré a mi hermano que peque contra mí? ¿Hasta siete?

Jesús le dijo: No te digo hasta siete, sino aun hasta setenta veces siete.

(MATEO 18:21-22, RVR)

Falta de perdón

Una de las razones más importantes entre los cristianos, de por qué la oración no tiene respuesta, es la *falta de perdón*. En Marcos 11 Jesús dio a sus discípulos la orden de perdonar. Les dijo claramente que si no perdonaban, tampoco los perdonaría su Padre en los cielos. Fue directo con ellos porque sabía que la falta de perdón sería una gran piedra de tropiezo en su vida espiritual.

Es importante notar que el tema del perdón y la fe para mover las montañas aparecen en el mismo contexto. No hay ningún poder en hablarle a una montaña si el corazón está lleno de falta de perdón. Aun así este problema está muy difundido entre los hijos de Dios. Si hay algo que corta la comunión con Dios, en cuanto a la respuesta de la oración, es el corazón que guarda falta de perdón y amargura. No puedes entrar en tu tiempo de oración y esperar que Dios mueva las montañas por ti, o por otros, cuando has endurecido tu corazón por falta de perdón.

Jesús le dijo a Pedro que debía estar dispuesto a perdonar setenta veces siete, es decir, cuatrocientos noventa veces. Jesús deseaba enseñarle a sus discípulos que si querían tener poder en sus oraciones, el perdón era una de las llaves más importantes para desatar el Reino de los Cielos en sus vidas.

———— ✎ ————

Extiende abundante misericordia y perdón,
tal como Dios te perdonó en Cristo.

La oración en el Nombre de Jesús

*Nos ha sido dado el Nombre
más poderoso que existe
sobre el cielo y la Tierra para
cuando oramos. ¡Usémoslo!*

Palabra de Dios para ti:

Y cuán incomparable es la grandeza de su poder a favor de los que creemos.

Ese poder es la fuerza grandiosa y eficaz que Dios ejerció en Cristo cuando lo resucitó de entre los muertos y lo sentó a su derecha en las regiones celestiales, muy por encima de todo gobierno y autoridad, poder y dominio, y de cualquier otro nombre que se invoque, no sólo en este mundo sino también en el venidero.

Dios sometió todas las cosas al dominio de Cristo, y lo dio como cabeza de todo a la iglesia; esta, que es su cuerpo, es la plenitud de aquel que lo llena todo por completo.

(EFESIOS 1:19-23)

Parte Cinco

La oración en el Nombre de Jesús

or muchos años usé el Nombre de Jesús sin obtener los resultados que me habían dicho que podía lograr. Comencé a preguntarle a Dios por qué si usaba el Nombre, que se suponía que tenía poder, no veía resultados. El Espíritu Santo comenzó a revelarme que para que el poder del Nombre de Jesús se manifieste, se necesita fe en ese Nombre; el que es tan poderoso que cuando se menciona con fe, toda rodilla debe doblarse en los tres planos: en el cielo, en la Tierra y debajo de la Tierra.

Jesús vino del tercer cielo; ha estado en la Tierra; ha descendido al Hades debajo de la Tierra y ahora está sentado nuevamente a la diestra del Padre en el cielo. Ha cumplido el ciclo completo; por lo tanto, lo ha llenado todo, en todo lugar con sí mismo. Está sentado por encima de todo, y tiene un Nombre que es sobre todo nombre. Su Nombre es el más grande, el más poderoso, ¡y su Nombre nos ha sido dado para usarlo en oración!

*¡Qué increíble privilegio tenemos de poder
usar el Nombre de Jesús, el que
está por encima de todo otro nombre!*

Palabra de Dios para ti:

La mujer que está por dar a luz siente dolores porque ha llegado su momento, pero en cuanto nace la criatura se olvida de su angustia por la alegría de haber traído al mundo un nuevo ser.

Lo mismo les pasa a ustedes: Ahora están tristes, pero cuando vuelva a verlos se alegrarán, y nadie les va a quitar esa alegría.

En aquel día ya no me preguntarán nada.

Ciertamente les aseguro que mi Padre les dará todo lo que le pidan en mi nombre. Hasta ahora no han pedido nada en mi nombre. Pidan y recibirán, para que su alegría sea completa. [Vea también Éxodo 3:14.]

(Juan 16:21-24)

Su Nombre toma su lugar

¡Qué maravilloso hubiera sido caminar físicamente con Jesús! Pero Él dijo a sus seguidores que estarían aun mejor cuando se fuera, porque enviaría su Espíritu a morar en cada creyente (Juan 16:7).

Les dijo que aunque se sientan tristes por la noticia de su inminente partida, se regocijarían nuevamente, así como una mujer que siente dolores de parto se alegra cuando el bebé ha nacido.

Dijo que cambiarían de idea, cuando experimentaran la gloria de su Espíritu en ellos, y el poder disponible para cada uno a través del privilegio de usar su Nombre en oración. Literalmente, les daba a ellos y a todos los que creyeran en Él, el poder y derecho legal de usar su Nombre, el que ocupa el lugar de Él. Su Nombre lo representa.

Jesús ya se ha perfeccionado por amor a nosotros, ya agradó al Padre por nosotros; por lo tanto, no existe ninguna presión sobre nosotros, de sentir que debemos tener un registro perfecto de buena conducta antes de que podamos orar. Cuando venimos al Padre en el Nombre de Jesús, podemos confesar nuestro pecado, recibir su perdón y confiadamente hacer que conozca nuestras peticiones.

Cuando un creyente pronuncia el Nombre
de Jesús con fe, todo el cielo presta atención.

Palabra de Dios para ti:

Lo que pidan en mi nombre, yo lo haré.

Algunos judíos que andaban expulsando espíritus malignos intentaron invocar sobre los endemoniados el nombre de Jesús. Decían: "¡En el nombre de Jesús, a quien Pablo predica, les ordeno que salgan!"

Esto lo hacían siete hijos de un tal Esceva, que era uno de los jefes de los sacerdotes judíos. Un día el espíritu maligno les replicó:

"Conozco a Jesús, y sé quién es Pablo, pero ustedes ¿quiénes son?"

Y abalanzándose sobre ellos, el hombre que tenía el espíritu maligno los dominó a todos. Los maltrató con tanta violencia que huyeron de la casa desnudos y heridos.

(HECHOS 19:13-16)

El Nombre de Jesús no es mágico

El Nombre de Jesús no es una "frase mágica" o un ritual de encantamiento que se agrega al final de una oración para asegurar su efectividad.

En el libro de los Hechos leemos acerca de los milagros poderosos que Dios hizo a través de la vida de Pablo. Dios honraba su fe cuando él hablaba en el Nombre de Jesús. Ciertos judíos exorcistas, sin embargo, intentaron usar el Nombre de Jesús como si fuera una simple palabra mágica que pronunciar. La Biblia dice: *"Y abalanzándose sobre ellos el hombre que tenía el espíritu maligno los dominó a todos. Los maltrato con tanta violencia que huyeron de la casa desnudos y heridos"* (Hechos 19:16). El espíritu dijo que conocía a Jesús y a Pablo, pero no a ellos.

Si vamos a orar y usar el poderoso Nombre de Jesús, primero debemos tener una relación íntima y obediente con Él. Entonces veremos el poder del Espíritu Santo brotar de nuestra vida y liberarnos de las esclavitudes del diablo.

Toda oración guiada por el Espíritu incluye orar la voluntad de Dios, ¡no la del hombre! Es imposible orar la voluntad de Dios si no conocemos su Palabra. Dios sí presta atención a las oraciones que llegan a Él en el Nombre de Jesús, pero no a las que están fuera de su voluntad.

---

*Debes conocer a Jesús como Señor antes
de poder usar su Nombre con poder.*

Palabra de Dios para ti:

Sí, les he dado autoridad a ustedes para pisotear serpientes y escorpiones y vencer todo el poder del enemigo; nada les podrá hacer daño.

(LUCAS 10:19)

Por la fe en el nombre de Jesús, él ha restablecido a este hombre a quien ustedes ven y conocen. Esta fe que viene por medio de Jesús lo ha sanado por completo, como les consta a ustedes.

(HECHOS 3:16)

El Nombre de Jesús es poder

El Nombre de Jesús es poder. Ningún padre amoroso entregaría poder a su bebé porque sabe que la criatura se lastimaría. Los padres no le niegan poder a sus hijos porque quieren herirlos, sino porque desean cuidarlos y mantenerlos seguros. Lo mismo sucede con nuestro Padre Celestial. Él nos dice lo que está disponible para nosotros, y luego a través de su Espíritu, nos ayuda a madurar al punto que podemos administrar sabiamente lo que Él desea darnos.

Creo que el poder del Nombre de Jesús es ilimitado. Y también creo que nuestro Padre Celestial nos lo otorga cuando sabe que vamos a utilizarlo adecuadamente.

Cuando Jesús comenzó a hablar con sus discípulos acerca del privilegio de orar en su Nombre y obtener respuestas, fue enfático. Yo creo que el poder de Dios es una solemne responsabilidad, porque su poder no es un juguete. No se le puede entregar a la gente que juega, sino solo a los que estén seriamente dispuestos a cumplir el plan que Dios ha preparado para sus vidas.

A medida que continúas creciendo y madurando en Cristo, puedes esperar emocionantes y nuevas dimensiones en tu caminar con Él.

Palabra de Dios para ti:

Y todo el que invoque el nombre del Señor será salvo.

(HECHOS 2:21)

En tiempos de crisis

Hace años, antes de la reglamentación del uso del cinturón de seguridad, un amigo conducía junto a su pequeño hijo por un cruce de rutas muy concurrido. La puerta del auto del lado del acompañante, que no estaba bien cerrada, se abrió y la criatura cayó justo en medio de los vehículos. Lo último que vio fue un par de neumáticos que casi pisan a su hijo. Lo único que pudo hacer en ese momento fue gritar: "¡Jesús!"

Detuvo su auto y corrió hacia el niño. Para su sorpresa estaba perfectamente bien, pero el conductor que casi lo había aplastado estaba histérico.

"Hombre, ¡no estés así!" Dijo mi amigo. "Mi hijito está bien. ¡Solamente dale gracias a Dios que pudiste detenerte!"

"Es que no te das cuenta, ¡yo no alcancé a tocar el freno!" Respondió aquel hombre.

Aunque no hubo nada que él pudiera hacer, el Nombre de Jesús prevaleció y la vida del niño se salvó.

En tiempos de crisis pronuncia el Nombre de Jesús. Cuanto más experimentemos lo fiel que es Dios en tiempos de necesidad y crisis, más testificaremos acerca del poder de su Nombre sobre toda situación y circunstancias, y más creceremos en la fe de su Nombre.

Hay poder en el Nombre de Jesús
ante cada crisis que enfrentamos.

Palabra de Dios para ti:

La actitud de ustedes debe ser como la de Cristo Jesús (permite que Él sea tu ejemplo de humildad), quien, siendo por naturaleza Dios (poseyendo la plenitud de todos los atributos que hacen a Dios, Dios), no consideró el ser igual a Dios como algo a qué aferrarse.

Por el contrario, se rebajó voluntariamente, tomando la naturaleza de siervo (esclavo) y haciéndose semejante a los seres humanos.

Y al manifestarse como hombre, se humilló a sí mismo y se hizo obediente hasta la muerte, ¡y muerte de cruz! Por eso Dios lo exaltó hasta lo sumo y le otorgó el nombre que está sobre todo nombre.

(FILIPENSES 2:5-9)

La obediencia y el Nombre de Jesús

Jesús fue obediente en extremo y por esto le fue dado un Nombre que es sobre todo nombre. Pero no debemos quedarnos solo con el poder que trasmiten estos versículos y olvidar la obediencia que ellos describen.

Juan 14:15 dice: *"Si ustedes me aman, obedecerán mis mandamientos".*

¡La obediencia es importante!

Reconozco que la habilidad de ser obedientes no está en nosotros (excepto que tengamos la ayuda del Señor); pero si el corazón está dispuesto y hacemos nuestra parte, entonces Él enviará su Espíritu para realizar lo que nosotros no podemos.

No digo que el poder del Nombre de Jesús no se manifieste sin obediencia perfecta. Sino que enfatizo, que el poder en el Nombre de Jesús no será dado al que no esté seriamente comprometido en avanzar hacia la meta, para alcanzar el supremo llamamiento que es en Cristo Jesús (Filipenses 3:14); es decir, la madurez. Y la madurez exige extrema obediencia; la extrema obediencia requiere una predisposición a sufrir en la carne de una santa manera. Por ejemplo: si fuera necesario te niegas algo que deseas, lo que sabes que no es bueno para ti, porque anhelas conocer y cumplir la voluntad de Dios.

*Para experimentar la libertad que Jesús obtuvo
para nosotros, debemos ser obedientes a su Palabra.*

Palabra de Dios para ti:

Por ejemplo, la casada está ligada por ley a su esposo sólo mientras éste vive; pero si su esposo muere, ella queda libre de la ley que la unía a su esposo.

Así mismo, hermanos míos, ustedes murieron a la ley mediante el cuerpo crucificado de Cristo, a fin de pertenecer al que fue levantado de entre los muertos. De este modo daremos fruto para Dios.

(ROMANOS 7:2, 4)

Pero el que se une al Señor se hace uno con él en espíritu.

(1 CORINTIOS 6:17)

Para usar el Nombre, ¡debes "casarte"!

Estudiaba acerca del Nombre de Jesús, cuando el Señor habló a mi corazón: "Joyce, cuando te casaste con Dave, te dio su nombre y el poder de todo lo que el apellido Meyer significa". Me recordó que puedo usar el nombre Dave Meyer y conseguir los mismos resultados que mi esposo obtendría si estuviera conmigo. Puedo ir al banco y tomar su dinero, porque cuando dos personas se casan todos los bienes de uno pertenecen al otro.

A través de este ejemplo de la vida cotidiana, lo que el Espíritu Santo me enseñaba, era que aunque yo tenía una relación con el Señor, era más un noviazgo que un matrimonio. Me gustaba "salir con Él", pero cuando "la cita" con Él finalizaba, quería andar por mi propio camino.

Quería todo de Dios, su favor, sus beneficios; pero no quería entregarme completamente a Él.

Pablo nos dice que hemos muerto a la ley del pecado y de la muerte, y que ahora estamos unidos a Cristo, de tal modo que podamos llevar fruto para Él. Recuerda esto: legalmente, no puedes usar su Nombre mientras no te hayas "casado" con Jesús.

Jesús es el novio y nosotros somos su novia.
Así es como Dios el Padre lo ha diseñado y es la única
manera que su plan se cumplirá correctamente.

Palabra de Dios para ti:

Habiendo reunido a los doce, Jesús les dio poder y autoridad para expulsar a todos los demonios y para sanar enfermedades.

Entonces los envió a predicar (anunciar) el reino de Dios y a sanar a los enfermos.

(LUCAS 9:1-2)

Ejercer autoridad en el Nombre

Como creyentes, debemos reconocer que el poder de la autoridad delegada por Dios, nos da el derecho de "ordenar" en el Nombre de Jesús.

Oramos y pedimos al Padre en el Nombre de Jesús, pero también le ordenamos al enemigo en ese Nombre. Hablamos a las circunstancias, a los principados y potestades espirituales, usamos la autoridad que nos ha sido dada, en virtud del poder delegado que Jesús mismo nos ha impartido. Al ministrar liberación no imponemos las manos sobre la persona, y oramos a Dios pidiéndole que expulse los malos espíritus. Lo que hacemos es ordenar que huyan en el Nombre de Jesús.

Antes que podamos ejercer esta autoridad, debemos orar al Padre en el Nombre de Jesús. Después usamos el poder que Él nos ha dado, y ponemos en práctica la autoridad inherente al nombre de Jesús su Hijo.

El mismo principio se aplica a la sanidad de los enfermos. A veces elevamos una oración de fe en el Nombre de Jesús (Santiago 5:15); otras ungimos con aceite (Santiago 5:14); pero hay oportunidades cuando simplemente ordenamos, y le hablamos a la enfermedad en el Nombre de Jesús.

Cada día toma tiempo para buscar al Señor. Ten comunión con Él, pregúntale, ora y sal de ese encuentro equipado para la tarea que tienes por delante.

───────── ❧ ─────────

Al hacer el trabajo del Reino,
ejercita tu autoridad en el Nombre de Jesús.

Palabra de Dios para ti:

—No tengo plata ni oro —declaró Pedro—, pero lo que tengo te doy. En el nombre de Jesucristo de Nazaret, ¡levántate y anda!

(HECHOS 3:6)

No seas egoísta
con el Nombre

Hay quienes han oído mensajes acerca del poder que hay disponible para ellos en el Nombre de Jesús, y usan ese Nombre con la esperanza de lograr todo lo que quieren.

Es verdad que podemos y debemos usar su Nombre para nuestro beneficio, pero siempre que lo hagamos con el propósito de cumplir la voluntad de Dios en nuestra vida, no la voluntad propia. Sin embargo, hay otro aspecto a tener en cuenta al usar su Nombre en oración: *utilizar el Nombre de Jesús para orar por otros.*

Esto es lo que los apóstoles hacían según el libro de los Hechos. Jesús los envió en su Nombre, investidos con su poder y autoridad, y ellos se aseguraron de ayudar a otros a recibirlo. Invocaban el Nombre de Jesús para traer salvación, sanidad, liberación y el bautismo del Espíritu Santo a todos aquellos por los que Jesús había muerto, pero aún no lo conocían.

Usa el Nombre de Jesús para amar a la gente. Cuando veas una necesidad eleva una plegaria en su Nombre. Dios ha confiado dos ministerios a cada creyente: el ministerio de la *reconciliación* y el ministerio de la *intercesión*.

---

*Pueden obtenerse muchos resultados
en la Tierra cuando los creyentes usan
el Nombre de Jesús sin egoísmo.*

Palabra de Dios para ti:

Al que puede hacer muchísimo más de todo lo que podamos imaginarnos o pedir, por el poder que obra eficazmente en nosotros.

(EFESIOS 3:20)

Excesiva abundancia, más allá de todo

Al orar por toda la gente que sufre, nace en mí un fuerte deseo de ayudarlos. Siento que ese deseo es mayor que mi habilidad para hacerlo, y lo es. ¡Pero nunca la necesidad de ellos es superior que la habilidad de Dios para ayudarlos!

Cuando lo que enfrentamos en la vida, o en el ministerio, nos afecta a tal punto que parece que nuestra "mente queda en blanco", necesitamos *pensar en lo que es del Espíritu*. En lo natural, muchas situaciones parecen imposibles. Pero Dios quiere que creamos en grandes cosas, que planeemos con fe y confiemos en que Él hará tales maravillas, las que nos dejarán boquiabiertos, asombrados.

Por lo general Dios no llama a personas que son capaces; si así lo hiciera la gloria no sería para Él. Frecuentemente, elige a los que en lo natural sienten como si estuvieran en el aire, pero en su interior están listos a ponerse en pie y dar para el Señor valientes pasos de fe. Son los que han aprendido el secreto de usar el Nombre de Jesús, y depende de ese poder *"más que abundante"* que obra en ellos.

Cuando nuestros deseos parecen extremadamente grandes y no vemos el camino para hacerlos realidad, deberíamos recordar que aunque no conocemos el camino, ¡conocemos al hacedor de caminos!

Por su abundante poder en nosotros,
Dios tiene un camino para que podamos concretar
todo lo que Él pone en nuestro corazón.

Palabra de Dios para ti:

Pero Moisés insistió: –Supongamos que me presento ante los israelitas y les digo: "El Dios de sus antepasados me ha enviado a ustedes". ¿Qué les respondo si me preguntan: "¿Y cómo se llama"?

–YO SOY EL QUE SOY –respondió Dios a Moisés–. Y esto es lo que tienes que decirles a los israelitas: "YO SOY me ha enviado a ustedes".

(ÉXODO 3:13-14)

Ciertamente les aseguro que, antes de que Abraham naciera, ¡YO SOY!

(JUAN 8:58)

El Nombre de Dios es YO SOY

He meditado acerca de estos versículos durante mucho tiempo. Para mí son escrituras maravillosas que causan un temor reverente, y que encierran mucho más de lo que podemos comprender. ¿Qué quería decir Dios a Moisés al llamarse a sí mismo YO SOY?

Dios dijo que Él significa tanto, y es tan grande, que no hay manera de describirlo adecuadamente. ¿Cómo podemos describir en un solo nombre a Alguien que lo es todo? Dios dijo a Moisés: "YO SOY el que puede cuidarte en cada situación que atravieses. Lo que necesites, YO lo SOY. Sea que lo posea o necesite conseguirlo. Si no existe, lo crearé para ti. Puedo suplir todas tus necesidades, no solo ahora, sino por el resto de los tiempos. ¡Descansa!"

Jesús respondió a sus discípulos de la misma manera que Dios el Padre habló a Moisés. Apocalipsis 1:8 declara que Jesús es el Alfa y la Omega; el primero y el último; el principio y el fin. Él siempre ha sido y siempre será.

Nuestra mente humana, finita y limitada, no puede abarcar ni siquiera lo suficiente, para comenzar a comprender el poder sin límites del que ha sido investido su glorioso Nombre.

Cuando oramos en el Nombre de Jesús, oramos en el Nombre del gran YO SOY, el omnipotente Dios de toda la eternidad.

El Señor es el siempre presente YO SOY.
Siempre con nosotros. Es todo lo que necesitamos,
todo lo que por siempre necesitaremos.

Joyce Meyer

*Joyce Meyer ha enseñado la Palabra de Dios desde 1976,
y está dedicada por completo al ministerio desde 1980.
Su programa radial "Vida en la Palabra"
se escucha en todos los Estados Unidos;
su emisión televisiva es vista alrededor del mundo.
Viaja extensamente; predica sus mensajes que
cambian vidas a través de las conferencias
"Vida en la Palabra", y también en iglesia locales.*

Para contactar a la autora, escriba a:

Joyce Meyer Ministries
P. O. Box 655 • Fenton, Missouri 63026, EE.UU.
O llame al: (636) 349-0303

La dirección de Internet es: www.joycemeyer.org

En Canadá, escriba a: Joyce Meyer Ministries Canada, Inc.
Lambeth Box 1300 • Londres, ON N6P 1T5
O llame al: (636) 349-0303

En Australia, escriba a: Joyce Meyer Ministries-Australia
Locked Bag 77 • Mansfield Delivery Center
Queensland 4122
O llame al: (07) 3349-1200

En Inglaterra, escriba a: Joyce Meyer Ministries
P. O. Box 1549 • Windsor • SL4 1GT
O llame al: 01753-831102